# Einfach – schnell – vital

## Vitalstoffreiche Vollwertkost leicht gemacht

von

**Lillia Fader**

(ärztl. gepr. Kneipp- und Gesundheitsberaterin GGB)

2., überarbeitete Auflage, 1. September 2013

ISBN: 9783732249916


Lektorat: Frank Friedrichs

Herstellung und Verlag:
BoD – Books on Demand, Norderstedt

**Bibliografische Information der Deutschen Nationalbibliothek**

Die Deutsche Nationalbibliothek verzeichnet diese Publikation in der Deutschen Nationalbibliografie; detaillierte bibliografische Daten sind im Internet über www.dnb.de abrufbar.

# Inhalt

# Vorwort

„Alles Große ist einfach."

Diesen Satz hat mir Dr. Jürgen Birmanns als Widmung in sein Buch geschrieben und damit die Entstehung dieses Buches unbewusst gefördert. Als ich von meiner Freundin ernsthaft gebeten wurde, das zu vollbringen, was einmal als Spaß beim Geburtstagskaffee entstand, dachte ich: „Warum nicht, es soll doch so einfach sein!"

Zu der Zeit war ich arbeitssuchend, zumindest für die Agentur für Arbeit, aber nicht für mich persönlich: Weil ich in meinem letzten Job als Fachschwester für Stoma, Inkontinenz und Wundversorgung selbst krank wurde und keinen Ausweg sah, wurde ich aus betrieblichen Gründen entlassen und wartete auf die Bewilligung einer Reha-Maßnahme. Diese wurde vom Rententräger abgelehnt und die Agentur für Arbeit konnte mit mir – damals 48-jährig – nichts anfangen. Also brauchte ich die ersten zwei Monate, um mich zu erholen und Kraft für neue Ideen zu sammeln.

Im Januar sah die Welt gleich anders aus, ich entschied mich für die Ausbildung zur Gesundheitsberaterin im Dr. Max-Otto-Bruker-Haus in Lahnstein.

Vitalstoffreiche Vollwertkost stand hier an. Was das ist und was es bedeutet, erfuhr ich erst, als ich mich mit der Literatur vertraut gemacht hatte. Ab nun gab es für mich morgens ein Frischkorngericht, nachmittags Brot mit Honig oder Vollwertkuchen und abends Salat und etwas Gekochtes. In meiner Umgebung gab es nur noch ein Thema: Ernährung und ihre Auswirkung auf unsere Gesundheit. Das Vollwertvirus hatte mich infiziert! Das Geilste (Verzeihung für den Ausdruck, aber er trifft es am besten) hierbei war, dass ich, ohne es zu wissen, mein

Wohlfühlgewicht von 49 kg erreicht hatte, bei 154 cm Körpergröße. Die Überraschung war perfekt, die Hosen waren zu weit geworden und meine Problemzone Bauch war geschmolzen.

Das aber war nur die eine Seite der Medaille, die andere war die Ehrlichkeit und die Wahrhaftigkeit in Dr. Brukers Büchern, die mich überzeugt hat.

Erfahrungen mit Krankheiten konnte ich genug sammeln: Die ersten 14 Jahre habe ich als Krankenschwester im Krankenhaus gearbeitet, danach folgten die Ausbildung zur Pharmareferentin und vier Jahre Außendienst im niedergelassenen und Krankenhausbereich mit Medikamenten. Anschließend bin ich sechs Jahre als Medizinprodukteberaterin mit Stoma-, Wund- und Inkontinenzprodukten durch Sanitätshäuser, Krankenhäuser und Apotheken gezogen. Die Studien und die Statistiken, die dabei entstanden sind, waren allesamt gut für die jeweiligen Arbeitgeber. Zu der Zeit war meine Welt noch in Ordnung – dachte ich.

Es folgten sechs turbulente Jahre im Homecare-Bereich als Fachschwester im Außendienst und ich war endgültig reif für die Insel. Von Krankheiten hatte ich die Nase gestrichen voll, denn es galt ja nicht nur, Erwachsene zu versorgen; auch die Kleinsten auf dieser Welt hatten schon ihr schweres Päckchen zu tragen, das konnte ich nicht mehr aushalten.

Hier kam mir die Entscheidung für die Gesundheit wie gerufen. (Früher habe ich mich mit Krankheit beschäftigt – jetzt mit Gesundheit!). Kochen, Backen und über die Ernährung zu reden, ist für mich das Größte. Seit November 2009 arbeite ich im Biomarkt in Eckernförde und verbinde mein Hobby mit der Arbeit.

Der nächste Schritt ist nun dieses Büchlein, das ich mit viel Hilfe von meinen Freunden gestalten konnte.

## Danksagung

Herzlichen Dank sage ich Igbal. Sie hat mir Mut gemacht und mich aufgefordert, das Buch zu schreiben. Marianne danke ich für die mentale Unterstützung. Maren hatte die Idee dazu. Gordian und Ines sage ich danke fürs Tippen, meiner Kochdozentin und meiner Mitschülerin beim Kochen – Christiane und Anne – danke ich für den Spaß, die tollen Inspirationen und Rezepte. Meinem Lektor und eifrigsten Schüler Frank danke ich für die großartige Bearbeitung und Korrektur meines Skripts. Ein großes Dankeschön an Matthias, der dieses Buch als Hobbyfotograf maßgeblich mit vielen tollen Fotos belebt hat. Für die Unterstützung bei der Überarbeitung dieses Buches danke ich meinem Neffen Michel und meiner Schwester Larissa sehr herzlich.

Meiner Chefin Uschi danke ich für die Möglichkeit, meine Rezepte auch in XXL-Portionen kochen zu dürfen. Und natürlich geht ein großes Dankeschön an all diejenigen, die als Probanden für meine Kochkünste herhalten mussten, und an Sie – für Ihr Interesse an meiner Leidenschaft.

Herzlichst

Ihre Lillia (Lilli) Fader

**Weise Lebensführung gelingt keinem Menschen durch Zufall.**
**Man muss, solange man lebt, lernen, wie man leben soll!**

- Lucius Annaeus Seneca -

# Vollwertkost im Alltag?

Wie definiere ich Vollwerternährung? Am besten mit den Worten eines hervorragenden Ernährungswissenschaftlers unserer Zeit, Prof. Dr. Werner Kollath (1892-1970):

„Eine Nahrung, die alles enthält, was der Organismus zu seiner Erhaltung und zur Erhaltung der Art benötigt, darf man mit Recht als ‚vollwertig' bezeichnen. Nur so ist der Begriff ‚Vollwertnahrung' gerechtfertigt.

Naturfremde, also synthetische Stoffe müssen fehlen. Aus den Lebensmitteln dürfen nur solche Bestandteile entfernt werden, deren Nichtnotwendigkeit in jahrzehntelangen Beobachtungen sicher erwiesen ist. Entsprechend dürfen nur solche Stoffe zugegeben werden, deren Unschädlichkeit ebenso sicher bewiesen ist" (Kollath, S. 77).

Eine kleine, gemütliche Geburtstagsfeier bei Freunden war Anlass zu diesem Buch. Wie immer in diesem letzten Jahr wurde überall dort, wo etwas gekocht oder verspeist wurde, über gesunde bzw. vital-stoffreiche Vollwertkost heftig diskutiert. Nach dem besagten Geburtstag bat mich meine Freundin auf Anregung ihrer Freundin, die viel von vitalstoffreicher Vollwertkost hält, aber berufstätig ist und eine schnelle Küche bevorzugt, doch jetzt ein Buch für willige Berufstätige zu schreiben.

Diese Herausforderung habe ich gerne angenommen, wenngleich natürlich mit gemischten Gefühlen. Doch wie soll ich gegen die fünf Minuten morgens für zwei Scheiben Toast mit Butter und Marmelade und Kaffee mit meinem Frischkorngericht ankommen? Diese Hürde gilt es zu nehmen. Denn sowohl die Zubereitung als auch das

Verschlingen des Erstgenannten sind in jeweils 2-3 Minuten erledigt. Wer aber ein köstliches Frischkorngericht herstellen und dann auch noch kauen möchte – denn das muss man bei diesem Gericht –, der sollte sich für die Herstellung mindestens fünf Minuten und fürs Genießen auch gerne die dreifache Zeit nehmen. Die Wirkung lässt nicht lange auf sich warten. Oder haben Sie, egal, welchen Toast Sie morgens gegessen haben, schon mal erlebt, dass Sie sich bis zum Nachmittag über mehrere Stunden wohlgenährt und zufrieden gefühlt haben?

Mit dem Frischkorngericht ist es bei mir an der Tagesordnung, dass ich erst nach sechs bis acht Stunden meine nächste Mahlzeit brauche, der Heißhunger, wie ich ihn von früher kenne, ist völlig weg, dann habe ich einfach wieder Appetit.

Wie ist es nun aber trotz Zeitmangel möglich, ein vitalstoffreiches Essen mit in den Tag zu nehmen? Die fünf Minuten morgens brauche ich, um den Apfel kleinzuschneiden, Getreide in der Flockenquetsche zu quetschen oder zu mahlen, Mandeln, Nüsse und Obst zu zerkleinern, möglichst nur gewaschen und ungeschält. Denn die Vitalstoffe sitzen auch in der Schale und im Kerngehäuse. Hier gilt der Satz von Prof. Dr. Werner Kollath:

**„Lasst die Nahrung so natürlich wie möglich."**

Alles wird dann mit Zitronensaft und Schlagsahne (flüssig oder geschlagen) gemischt und dekorativ angerichtet.

Diese Arbeit kann ich meist nur zu Hause machen, aber das Genießen lässt sich gut ins Büro, in Bus oder Bahn verlegen. Auch die Frühstückspause im Betrieb ist hierfür geeignet. Wer dann seine volle Ladung Vitalstoffe aus so einem Gericht bekommen hat, der hält garantiert einige Stunden fit und leistungsfähig durch.

# Frühstück

## Frischkorngerichte

Beginnen wir also mit dem Frühstück – und hier mit den unterschiedlichen Zubereitungsarten der Frischkost mit rohem Getreide.

Der Schweizer Ernährungsarzt Dr. med. Max Bircher-Benner hat seinerzeit die Rohkost als Heilwertes bezeichnet. Er hat sie als Erster gezielt ausgewertet und angewandt. Nachzulesen ist dies in dem Buch "Leben und Lebenswerk" von Ralph Bircher (2010).

## Bircher-Müsli

– nach Dr. Bircher-Benner –

### Zutaten:

| | |
|---|---|
| 50-60 g | Haferflocken (10-12 Std. eingeweicht) |
| 200 g | geriebene Äpfel |
| 1 EL | Zitronensaft |
| 1 EL | Sahne |
| 1 EL | geriebene Mandeln oder Haselnüsse |

Die Sahne kann flüssig oder geschlagen sein und es ist bei den Haferflocken zu bedenken, dass diese frisch gemahlen oder gequetscht sein sollten (um den Vitalstoffverlust zu umgehen). Wem der Geschmack nach dem Einweichen zu bitter wird, der kann sie natürlich auch ohne Einweichen genießen.

Bedenke: Hafer und Hirse werden bitter, wenn sie einige Stunden zerkleinert eingeweicht werden und das Öl darin ranzig wird.

Für die Liebhaber der Anti-kau-schluck-Variante bietet es sich an, eine gemuste Banane dazuzugeben. Das Kauen indes ist ein tolles Training und eine Wohltat für unsere Zähne!

## Exkurs: Das menschliche Gebiss

Unser Gebiss besteht aus

- 8 meißelförmigen Schneidezähnen (*Dentes incisivi*),
- 4 Eckzähnen (*Dentes canini*) mit einer Kauspitze,
- 8 Backenzähnen (*Dentes praemolares*) mit zwei Kauspitzen,
- 12 Mahlzähnen (*Dentes molares*) mit 4 bis 5 Kauspitzen,

wobei der jeweils hinterste Mahlzahn (Weisheitszahn) oft Rückbildungserscheinungen zeigt. Hier wird deutlich: Wir haben unsere Zähne zum Zermahlen der Nahrung, keine Reißzähne wie die Jagdtiere.

Das gründliche Kauen erleichtert die Verdauung, was den Zähnen eine Freude ist und Magen und Darm die Last abnimmt.

# Sprossen und/oder Keimlinge nach Dr. Evers

## Zutaten:

3 EL Roggen **oder** Weizen (keine Mischung!)

1 EL Sahne

1 TL Zitronensaft

Obst nach Geschmack, Nüsse, Mandeln

Das Getreide wird über Nacht mit kaltem, ungekochtem Wasser eingeweicht, morgens mit kaltem Wasser abgespült und trocken im Warmen aufgestellt. Abends wird es wieder gespült und bei Zimmertemperatur trocken hingestellt.

So lange wiederholen, bis die Körner keimen und die Keimlinge ca. 1/3 cm lang sind.

Getreide hat unterschiedliche Keimzeiten, daher der Rat, das Getreide getrennt zum Keimen aufzustellen. Die übrigen Zutaten sind wie beim Frischkorngericht nach Dr. Bruker zu verwenden:

# Frischkorngericht

– nach Art von Dr. Bruker –

## Zutaten:

| | |
|---|---|
| 3 EL | keimfähiges Getreide (Gemisch oder Einzelsorten (ca. 50 g): Weizen, Roggen, Hafer, Gerste, Hirse, Dinkel, Buchweizen), frisch gemahlen – grob oder fein |
| 3-4 EL | kaltes, ungekochtes Wasser zum Anrühren zu einem Brei (gleich essen oder bis zu 12 Stunden stehen lassen) |
| ½-1 | Apfel, gerieben oder klein geschnitten (macht den Brei lockerer) |
| 1 TL | Zitronensaft |
| 1 EL | Sahne |

Honig (nur ab und zu, wegen der Karies)

geriebene Nüsse

Der sofortige Verzehr des Breis setzt natürlich ein gesundes Kauverhalten voraus, hier kommen die Molaren (= mahlen) zum Einsatz, denn der Mensch hat die Zähne für Samen und Körner, nicht die Reißzähne eines Raubtiers. Die Kaufaulen können den Brei 5 bis 12 Stunden einweichen lassen und dann verzehren.

# Die Geschichte des Obstsalats mit Getreideflocken und -keimlingen nach Lillias Art

Durch meine frühere Tätigkeit als Pharmareferentin bin ich viel in den „guten" Hotels herumgekommen und habe an manch einem Frühstücksbüfett mein gepudertes Näschen gerümpft, wenn ich einem grauen, undefinierbaren Brei gegenüberstand, dem Bircher-Müsli.

Dass diese Hotels nach meinem heutigen Wissen sehr fortschrittlich waren, wusste ich natürlich nicht, sah mir die Pampe doch der Krankenhauskost für Zahnlose sehr ähnlich, halt ein bisschen wie schon gekaut. Durch die alten Erfahrungen abgeschreckt, tat ich mich auch in Lahnstein anfangs sehr schwer bei der Zubereitung des Frischkornbreis; eine gewisse Abneigung zu dem zerkleinerten und gemusten Brei ließ sich nicht verhindern.

Also musste eine neue Art der Zubereitung her. Nach langem Experimentieren mit Probanden nannte ich das Frischkorngericht einfach „Obstsalat mit Keimen und Flocken" und schon aßen es die größten Körnermuffel mit Appetit und Begeisterung.

Hier diente mir vor allem ein PC-Kurs vom Arbeitsamt mit 15 Teilnehmern als Übungsfeld. Einer wollte gar nichts davon wissen, drei haben sich kategorisch gegen Kornflocken und Müslis geäußert, der Rest der Truppe war einfach neugierig auf das, was kommt. Schließlich ging es in jeder Pause um Essen, Abnehmen oder irgendwelche Wehwehchen, die ich mit vitalstoffreicher Vollwertkost ja alle in den Griff bekommen wollte. Mein Gewicht hatte ich hier schon mal als bestes Beispiel parat.

# Obstsalat mit Getreidesprossen und -flocken

## Zutaten:

| | |
|---|---|
| 3 EL | Getreide: Hafer, Weizen, Gerste, Roggen, Dinkel |
| 1-2 TL | Nüsse oder Mandeln |
| 1 TL | Zitronensaft |
| 1-2 EL | Schlagsahne (flüssig oder geschlagen) |

Obst nach Geschmack und Saison (Apfel, Birne, Banane, Melone, Apfelsine, Erdbeeren, Mango, Ananas, Blaubeeren, Kiwi, Kaki, Granatapfel, Pflaumen, Aprikosen usw.)

Getreide im Flocker quetschen oder in einer Mühle, z. B. Kaffeemühle, grob mahlen.

Getreide für Sprossen 5 bis 12 Stunden im lauwarmen Wasser stehen lassen, abgießen, ca. 12 Stunden trocken stehen lassen, spülen und abgießen, nochmals 12 Stunden stehen lassen (je nach Kornart brauchen die Keimlinge 2 bis 3 Tage zum Keimen, es bilden sich dünne weiße Fädchen).

Obst zerkleinern, mit Zitronensaft beträufeln, mit gehackten Mandeln oder Nüssen bestreuen, mit Sprossen und/oder Flocken schichten, geschlagene Sahne aufspritzen (bzw. flüssige darübergießen) und mit einigen Früchtchen garnieren. Die Flocken kann man auch mit etwas Wasser anfeuchten, je nach Getreideart, sonst sind diese zu trocken.

Die Zubereitung für mind. 4 Personen ist von Vorteil, so lässt sich alles dekorativ in einer Glasschüssel schichten und mit geschlagener Sahne und Obst garnieren. Das lockt auch den größten Skeptiker hinterm Ofen vor.

Sicherlich sind Sie jetzt neugierig, wie mein Frühstück damals im PC-Kurs angekommen ist. Für mich war es auch sehr spannend, denn es gab ja noch selbstgebackene Brötchen sowie würzige und süße Aufstriche dazu. Doch meinen Obstsalat aßen alle mit Genuss und Begeisterung, die Getreide-Muffel hatten ihn sich ganz anders ausgemalt, so etwas regelmäßig zu essen, könnten auch sie sich vorstellen.

Also ging es um die Rezeptur dieser Kost. Da ich noch keine eigenen Rezepte im PC hatte, hat eine erfahrene Kollegin schnell alles in den Übungs-PC eingetippt und schon waren alle zufrieden. Im Laufe der Zeit habe ich erfahren, dass einige inzwischen eigene Mühlen besitzen und das Frischkorngericht oder ihr Brot selbst herstellen.

Am meisten überrascht hat mich einmal der 21-jährige Sohn meiner Freundin, der beim Frühstück dem Obstsalat sehr zugeneigt war und sich dann noch den Rest für eine Party abends eingepackt hat.

Nun sollten Sie nicht glauben, dass nur zum Frühstück gegessener Frischkornbrei gesund ist; jeder sucht sich die passende Tageszeit dafür selber aus. Es gibt Menschen, die morgens nur etwas trinken, andere verputzen schon ein ganzes Steak; und alle haben sie recht und alle sind so zufrieden. Für mich ist es schon immer wichtig gewesen, gut zu frühstücken, daher ist es bei mir auch sehr praktisch, so für den Arbeitstag gerüstet zu sein.

Jeder sollte für sich die passende Mahlzeit wählen.

Für alle Arten dieses Frischkorngerichts ist es wichtig, keimfähiges Getreide zu verwenden, weil natürlich nur ein Getreide, das wächst, auch die vollen Vitalstoffe enthält. Sollte es vorher z.B. durch Hitze behandelt oder schlecht geschält und im Keim verletzt worden sein, kann es nicht mehr keimen und ist minderwertig. Wenn wir uns schon die Mühe machen, das Getreide frisch zuzubereiten, sei es als Flocken, Mehl/Schrot oder Keimlinge, dann wollen wir natürlich die gesamte Energie dieser Lebensmittel auch genießen. Bei den Keimlingen ist darauf zu achten, dass sie nicht zu lange gewachsen sind. 1/3 cm reicht aus, sonst ist die gesamte Kraft des Korns in das Wachstum gewandert und für uns verbleiben nur noch wenige Vitalstoffe. Am einfachsten ist es, jeden zweiten Tag eine neue Mischung Keimlinge zu züchten.

Sie sollten ausschließlich frisches Obst oder eingefrorene Beeren und Früchte verwenden, kein Konservenobst oder gar Dörr- und Trockenobst, denn es ist ja ein **Frisch**korngericht!

Mit der Schlagsahne und dem Zitronensaft arbeite ich unter der Woche so, dass ich den Zitronensaft ausgepresst im Kühlschrank für mehrere Tage aufbewahre und die Schlagsahne flüssig lasse. Am Wochenende lasse ich sie geschlagen im geschlossenen Behälter stehen und bereite mir somit etwas Besonderes zu. Die Abwechslung, nicht nur im Getreide, sondern auch in der Zubereitungsart, macht dieses Gericht immer wieder genussvoll.

Die Portionen für jeden sind, wie überall, sehr individuell. Mit dem nötigen Getreide, einigen Walnüssen und Mandeln, einem halben Apfel, sehr klein geschnitten oder auch grob geraspelt, und etwas zusätzlichem Obst sowie Schlagsahne und Zitronensaft bin ich vollkommen zufrieden. Meine große Freundin hat mich beim ersten Mal nach so einer Portion nur angelächelt und glatt dieselbe Menge noch einmal verputzt. Die Tricks sind auch hier vielfältig: Wer es mag, kann eine Banane darüberschneiden oder unterheben, die gibt noch zusätzliche Süße und ist besonders sättigend, oder mehr Nüsse und Mandeln dazugeben und eine größere Obstmenge planen.

# Brötchen

Für den Vielfraß gibt's danach natürlich noch Brot oder Brötchen aus Vollkornmehl mit selbstgemachten würzigen oder süßen Aufstrichen.

## Schnelle Brötchen

### Zutaten:

| | |
|---|---|
| 500 g | Weizen/Dinkel gemahlen (Vollkorn) |
| 250-300 ml | Wasser |
| 1 TL | Salz |
| 1 Würfel | Hefe |

In das Mehl eine Kuhle machen, die Hefe hineinbröckeln und ca. 50 ml des warmen Wassers dazugeben. Hefe mit etwas Mehl und dem Wasser vermengen. Mehl über diesen Brei häufeln und 10-15 Min. warm stellen, danach das restliche Wasser zugießen und alle Zutaten miteinander gut vermengen, den Teig anschließend 10 Min. kneten oder schlagen, damit er richtig fluffig wird. Dabei wird der Teig mit Wucht auf den Tisch geschlagen, so oft man möchte. Meine Lieblingszahl ist die 77.

Sofort mit einem Löffel kleine Häufchen auf ein gefettetes Blech setzen. Vor und nach dem Backen mit einer Wasserspritze besprühen, damit die Brötchen kross werden.

Im vorgeheizten Ofen bei 200°C 20 bis 30 Min. backen.

Die Brötchen zu verzieren, ist ganz einfach: Der Teig wird (mit gut bemehlten Händen) zu Kugeln gerollt, anschließend kurz in kaltes Wasser getaucht und dann in verschiedenen Saaten (Sesam, Leinsaat, Mohn, Sonnenblumen- oder Kürbiskerne, Buchweizen o.Ä.) gewälzt. Wer mag, kann die dekorierten Brötchen auch dicht an dicht aufs Blech setzen und eine Partysonne formen.

# Aufstriche

Ich mache auch die Aufstriche selbst oder ich lege mir ganz einfach Gemüse (Gurke, Tomate, Zwiebeln, Salat, Radieschen, Paprika usw.) aufs Brot.

## Kräuterbutter

### Zutaten:

125 g Butter (zimmerwarm)

Petersilie, Schnittlauch, Bärlauch, Dill, Rucola oder was immer sie an frischen Kräutern im Haus haben

Kräutersalz, Pfeffer, Chilipulver

Butter schaumig schlagen (mind. 5 Min.), die Kräuter pürieren oder sehr fein hacken und mit den Gewürzen unter die Butter rühren, sehr würzig abschmecken.

## Lauchbutter

### Zutaten:

125 g Butter (zimmerwarm)

100 g Lauch (sehr dünnen wählen)

Muskat, Kräutersalz, Pfeffer

Butter schaumig schlagen. Lauch sehr fein schneiden. Alle Zutaten gut verrühren und kräftig abschmecken.

# Tomaten-Mandel-Mett

– eine Erfindung von Christiane Wolfram –

## Zutaten:

| | |
|---|---|
| 200 g | Tomatenmark |
| 100 g | Mandeln, gehackt |
| 1 kl. | Zwiebel, gewürfelt |
| 1 | Knoblauchzehe, sehr fein gehackt |
| | Kräutersalz, Oregano, Basilikum, Thymian |

Alle Zutaten miteinander vermengen und kräftig abschmecken.

Wer keinen würzigen Aufstrich mag oder sein Frühstück gern mit etwas Süßem beschließt, der hat natürlich noch die Wahl, süße Brotaufstriche zu machen.

## Dattel-Aufstrich

### Zutaten:

| | |
|---|---|
| 125 g | Butter (zimmerwarm) |
| 7-10 | Datteln; frische nur zerkleinern, getrocknete über Nacht zerkleinert in Rotbuschtee einweichen |
| 100 g | gemahlene Mandeln |
| | Zimt, nach Geschmack gem. Orangenschale |

Die Butter schaumig schlagen, die Datteln pürieren, die übrigen Zutaten zufügen und gut miteinander mischen.

## Kakaocreme

### Zutaten:

| | |
|---|---|
| 150 g | Butter (zimmerwarm) |
| 125 g | Haselnuss-, Mandel-, Erdnuss- oder Mischmus |
| 75-125 g | Honig |
| 2-3 EL | Kakao |

Butter schaumig schlagen und mit den übrigen Zutaten verrühren. Außerhalb des Kühlschranks aufbewahren, damit der Geschmack und das Aroma erhalten bleiben.

# Pflaumenmus

## Zutaten:

100 g Pflaumen, getrocknet

100 g Pflaumen, frisch oder eingefroren

1 Msp. Zimt

Trockene Pflaumen zerkleinert mit den gefrorenen oder den entsteinten und klein geschnittenen Pflaumen über Nacht einweichen lassen. Falls die frischen Pflaumen zu wenig Saft haben, kann mit etwas Rotbuschtee nachgeholfen werden. Am nächsten Tag oder nach 6-10 Std. die Masse pürieren und mit Zimt abschmecken, nach Bedarf mit Akazienhonig nachwürzen.

# Das kleine Einmaleins der Vollwertkost

Der wichtigste Spruch stammt von Prof. Dr. W. Kollath:

**„Lasst unsere Nahrung so natürlich wie möglich."**

Dafür hat er die Kollath-Tabelle mit der „Ordnung unserer Nahrung" aufgestellt (s. S. 72). Die sechs Spalten werden eingeteilt in „Lebensmittel" und in „Nahrungsmittel"; je weiter links in der Tabelle man sich befindet, umso gesünder ernährt man sich. Mit unzähligen Studien hat er den Beweis erbracht, dass veränderte Lebensmittel zu degenerativen Veränderungen am Tier und am Menschen führen.

Der zweite, nicht minder wichtige Satz stammt von Dr. Bruker und heißt:

**„Essen und trinken Sie nichts, wofür Werbung gemacht wird."**

Seine Empfehlung sind die vier Dinge, die man essen sollte, und die vier, die man meiden sollte.

## Vier Dinge sollte man sich täglich gönnen:

- das schon bekannte Frischkorngericht,
- Frischkost aus rohem Gemüse und Obst,
- Vollkornbrote und Vollkornprodukte (Reis, Nudeln),
- naturbelassene Fette, also Butter, Schmand, Sahne, sogenannte kaltgepresste, unraffinierte Öle.

Merke: Wem solltest du im Leben nie und nimmer trauen? Den raffinierten Ölen und ebensolchen Frauen.

## Vier Dinge sollte man täglich meiden:

- alle Fabrikzuckerarten und damit gesüßte Speisen,
- Auszugsmehle und Produkte daraus,
- alle raffinierten Fabrikfette, d.h. gewöhnliche Öle und Margarine,
- Säfte und gekochtes Obst.

Da es bei der vitalstoffreichen Vollwertkost **keine Zwischenmahlzeiten** gibt, gilt es, zwei- bis dreimal pro Tag seinen Appetit zu stillen.

Die **Reihenfolge beim Essen** sollte immer vom Rohen zum Gekochten gehen. Das hat Prof. Dr. Kollath in seinem Buch „Die Ordnung unserer Nahrung“ wie folgt beschrieben:

„Der besondere Wert der Roh- oder Frischkost wird gemeinhin in ihrem Reichtum an Wirkstoffen und ihrer besseren Eiweißqualität gesehen, welche beide durch Erhitzung und sonstige Verarbeitung geschädigt und vermindert werden.“

Die Empfehlung, jede Mahlzeit mit Frischkost zu beginnen, wurde damit begründet, dass den Lebensmitteln mit dem höchsten Potenzialwert der Vorrang und Vortritt vor den im Ordnungswert verminderten Nahrungsmitteln zu geben sei. Überdies ist darin (besonders bei gutem Kauen) das sicherste Mittel zur Appetenzbegrenzung (Appetitzügler) zu finden, da Frischkost zur Hauptsache aus unkonzentrierten Lebensmitteln besteht, bei welchen leichter und früher der Punkt erreicht wird, an dem das Empfinden „Es ist genug“ eintritt (vgl. Kollath, S. 125 ff.).

1927 machten Wissenschaftler eine weitere Entdeckung: Begann man die Mahlzeit mit gegarten Lebensmitteln, so stieg bei den Probanden die Zahl der Leukozyten (weiße Blutkörperchen) an. Aß man jedoch zuerst Rohkost, blieb ihre Zahl konstant. Da die Leukozyten im Körper als „Abwehrpolizei“ vor Eindringlingen schützen sollen, nahm der Körper in diesem Fall die gekochte Nahrung als Bedrohung wahr. Rudolf Virchow nannte diese physiologische Erscheinung „Verdauungsleukozytose“.

Für die neugierigen Leser ist dies und vieles mehr über die schädigende Wirkung unserer Nahrung auf den Organismus in Dr. Ralph Birchers Buch “Geheimarchiv der Ernährungslehre” nachzulesen.

Die **Trinkmenge und das Getränk** sind in der VVWK (vitalstoffreiche Vollwertkost) anders beschrieben als in der „Normalkost". Hier gilt: Trinken Sie, wenn Sie Durst haben, und möglichst Wasser oder leichte Tees, jedoch keine Kräuter, die eine Heilwirkung haben. Durch Obst, Gemüse und die Salate wird schon Flüssigkeit mit der Nahrung aufgenommen und man braucht nicht literweise in sich hineinzuschütten, um die Nieren zu belasten. Unsere Nieren sind keine Kraftwerke, sondern ganz normale Organe, die nur ihren Beitrag zum Lebenserhalt unseres Körpers leisten.

# Ernährungsbedingte Zivilisationserkrankungen

Unsere Industrie- und Designerkost (Cola, geklebter Schinken, falscher Käse usw., die Liste würde selbst schon ein Buch füllen) führt die Menschen zunehmend in die sogenannten ernährungsbedingten Zivilisationserkrankungen.

Da dieser Prozess schleichend geschieht, wird jedoch der Zusammenhang von Ernährung und Erkrankung nicht hergestellt.

Dabei gelten neun große Krankheitsgruppen als ernährungsbedingt:

- Gebissverfall, Karies, Parodontose, Zahnfehlstellungen;
- Erkrankungen des Bewegungsapparates, die sog. rheumatischen Erkrankungen wie Arthrose, Arthritis, Wirbelsäulen- und Bandscheibenschäden;

- Stoffwechselkrankheiten wie Fettsucht, Diabetes, Leberschäden, Gallen- und Nierensteine, Gicht u.v.m.;
- die meisten Erkrankungen der Verdauungsorgane wie Stuhlverstopfung, Dünn- und Dickdarmerkrankungen;
- Gefäßerkrankungen wie Arteriosklerose, Herzinfarkt, Schlaganfall und Thrombosen;
- Infektanfälligkeit, sog. Erkältungen, Nierenbecken- und Blasenentzündungen usw.;
- Ekzeme, Neurodermitis, sog. Allergien u.v.m.;
- manche organischen Erkrankungen des Nervensystems (z.B. Multiple Sklerose);
- auch an der Entstehung des Krebses ist die Fehlernährung in erheblichem Maße beteiligt.

Nachzulesen im Buch „Unsere Nahrung – unser Schicksal“ von Dr. Bruker. Zu den einzelnen Erkrankungen gibt es aus dem emu-Verlag in Lahnstein unzählige Kleinschriften und Bücher.

# Mittagessen

Haben Sie mittags Zeit, sich ein großes warmes Mahl zuzubereiten und in Ruhe zu schlemmen? Wenn es Ihnen wie den meisten Menschen geht, wohl eher nicht. Auch ich koche mittags nicht – schließlich ist es so einfach, sich auch schnell zwischendurch vollwertig zu ernähren.

# Salate

Beim Salatvorbereiten hat es sich als möglich und durchaus üblich herausgestellt, gleich das ganze Gemüse für zwei bis drei Mahlzeiten zu waschen und zu putzen und dann z.B. in Behältern luftdicht im Kühlschrank zu lagern.

Dies können Sie dann nach Belieben mit Öl-Essig- oder anderem selbstgemachtem Dressing würzen und verzehren. Auch das Dressing lässt sich gut vorbereiten (s. unten).

Die Abwechslung bei den Salaten gelingt durch das simple Grob- oder Feinreiben von z.B. Blumenkohl, Brokkoli, Rettich, Pastinake usw. über das übrige fertige Gemüse. Dass sich natürlich auch rote Bete, Steckrübe und Porree roh als Salat gut eignen, ist schon lange kein Geheimnis mehr und bietet eine willkommene Abwechslung zur üblichen Tomaten-Gurken-Paprika-Salat-Mischung.

## Radieschensalat

### Zutaten:

| | |
|---|---|
| 1 Bund | Radieschen |
| ½ Bund | Lauchzwiebeln |
| ½ Bund | Rauke (Rucola) |
| 1 Becher | Schmand |
| | Pfeffer, Kräutersalz nach Geschmack |

Die Radieschen waschen und putzen, in dünne Scheiben schneiden, Lauchzwiebeln und Rauke waschen und in dünne Ringe bzw. kleine Streifen schneiden. Mit Salz und Pfeffer würzen, alles verrühren und den Schmand unterheben. Der Salat schmeckt auch ohne Rauke gut, nur bekommt er durch diese eine besondere Note.

## Rote-Bete-Möhren-Salat

### Zutaten:

| | |
|---|---|
| 2 | rote Bete (klein) |
| 2 | Äpfel (klein) |
| 1 | Möhre |
| 2 EL | Sonnenblumenöl |
| 1 EL | Zitronensaft |
| 5-7 | fein gehackte Walnüsse |

Obst und Gemüse raffeln, mit Öl und Zitronensaft mischen. Die fein gehackten Walnüsse darüber streuen.

## Lauch-Apfel-Salat

### Zutaten:

| | |
|---|---|
| 1 Stange | Lauch, in feine Ringe geschnitten |
| 2 | Äpfel, grob gerieben oder gestiftet |
| 1 Becher | Schmand |
| 1 TL | Honig |
| 1 TL | Zitronensaft |
| | Kräutersalz nach Geschmack |

Die Zutaten für die Soße verrühren. Lauch und Apfel untermengen, mit Kräutersalz abschmecken.

# Dressings

Die Dressings können problemlos für eine Woche auf Vorrat gemixt und im Kühlschrank aufbewahrt werden, z.B. in verschraubbaren gebrauchten Ölflaschen. Ein bis drei verschiedene Dressingarten, am Wochenende hergestellt, sind in der Woche eine reine Schlemmerei.

## Sahne-Dressing

### Zutaten:

| | |
|---|---|
| 1 Becher | Schmand oder saure Sahne |
| 4 EL | Wasser |
| 2 EL | Sonnenblumenöl |
| 1 EL | Zitronensaft |
| 1 | Knoblauchzehe, fein gerieben oder gepresst (nach Geschmack auch ohne Knoblauch) |
| ½ TL | Honig |
| 1 TL | Kräutersalz |
| ¼ TL | Paprikapulver mild oder ½ TL Curry |
| | Pfeffer aus der Mühle |
| | Kräuter nach Geschmack |

Alle Zutaten gut miteinander verrühren und herzhaft abschmecken.

## Tomaten-Dressing

### Zutaten:

| | |
|---|---|
| 2-3 EL | Kräuteressig oder Zitronensaft |
| 6-8 EL | Wasser |
| 3 EL | Olivenöl |
| 2-3 TL | Tomatenmark |
| 1 | Knoblauchzehe, fein gerieben oder gepresst |
| 1 TL | Senf (nach Geschmack) |
| 1 TL | Honig (am besten Akazienhonig) |
| | Kräutersalz, Pfeffer |
| | Kräuter nach Geschmack |

Alle Zutaten gut miteinander verbinden, am besten pürieren; außerhalb des Kühlschranks aufbewahren.

## Essig-Öl-Dressing

### Zutaten:

| | |
|---|---|
| 4 EL | Balsamico-Essig |
| 6 EL | Oliven- oder Sonnenblumenöl |
| 4-6 EL | Wasser |
| | frische Kräuter, z.B. Basilikum, Schnittlauch, Petersilie, Liebstöckel, franz. Kräutermischung |
| 1 kl. | Zwiebel |
| | Salz, Pfeffer |

Mit dem Schneebesen Essig und Öl verquirlen. Die fein gewürfelte Zwiebel und die fein geschnittenen Kräuter, Salz und Pfeffer zugeben.

Tipp: Noch herzhafter wird das Dressing, wenn man etwas Sojasauce und Senf unterrührt. Da Senf als Emulgator wirkt, verbinden sich Essig und Öl besser – vor allem, wenn man alle Zutaten in einem verschlossenen Schraubglas kräftig schüttelt.

Obwohl Sie sich durchaus an einem leckeren Salat sattessen können, ist das vielleicht nicht jedermanns Sache. Schnell, herzhaft und gesund wird es, wenn Sie sich im Anschluss lecker bestrichenes (vollwertiges) Brot gönnen, mit salzigen oder süßen Aufstrichen, gern auch mal mit Honig – oder einfach mit frischer Sauerrahm-Butter und ein wenig Kräutersalz.

Möchten Sie wissen, warum Sie auf Ihr Brot oder Brötchen lieber Butter statt Margarine streichen sollten?

# Kurzform der Margarineherstellung

**Extraktion >** Ölgewinnung aus dem Rohstoff

**Raffination >** der Rohöle umfasst fünf Stufen, bei Temperaturen bis zu 280 °C

**Entlecithinierung** (Fettbegleitstoff Lecithin wird entfernt)

**Entschleimung** (Phosphatide, Mineralstoffe, Harze, Wachse, Vitamine, Schleimstoffe, Kohlehydrate und Eiweißstoffe stören und werden entfernt)

**Entsäuerung >** freie Fettsäuren, Pflanzensäuren und Antioxidantien werden durch Verrühren mit Natronlauge entfernt, diese gehen als halbfeste Seifen in die Seifenfabrik

**Entfärbung/Bleichung >** mittels Bleicherde oder Aktivkohle; bei der anschließenden Filtrierung fällt Carotin aus

**Desodorierung >** hier verschwinden die letzten Geruchs- und Geschmacksreste mit den Nebenprodukten der Herstellungsgänge, den Lösungsmitteln; durch Wasserdampfdestillation bei 5-20 mmHg Vakuum und bis zu 300 °C werden die Reste von Aldehyden, Ketonen, Vitaminen, freien Fettsäuren u.a. entfernt, anschließende Abkühlung auf 50 °C

**Modifikation >** in drei Schritten: Härtung, Fraktionierung und Umesterung, geschieht für die streichfähige, kältebeständige und kühlschrankfeste Konsistenz

**Rekombination >** Chemie macht's möglich (durch Zusätze wie synthetisches Carotin, Emulgatoren, künstl. Aromastoffe, künstl. Antioxidantien, Konservierungsstoffe, synthetische Vitamine, Kartoffelstärke (vom Gesetzgeber vorgeschrieben)): Das Wunschfettkann schmalzig, robust, streichzart, „sommerfrisch“ oder anpassungsfähig sein.

Wenn Sie jetzt noch Margarine essen können, wohl bekomm's!!!

# Kaffeeklatsch

Mir persönlich fehlt (nach einem Jahr) immer noch dieses ehemalige Kaffeetrinken, also die süße Mahlzeit. Ich esse aber nur noch dreimal am Tag und starte, wie Sie schon wissen, mit einem Frischkorngericht um 6:30 Uhr; danach halte ich es bis 13:30 oder 15:00 Uhr ohne Zwischenmahlzeiten aus. Auf der Arbeit im Biomarkt esse ich daher in der Mittagspause erst etwas Rohes und dann selbstgebackenes Brot mit Honig oder ein Stück Kuchen. Erst am Abend (18:00–19:00 Uhr) esse ich zu Hause eine große Mahlzeit.

Für alle, die auch nur ungern auf eine süße Mahlzeit zur Mitte des Tages verzichten, hier stellvertretend für viele andere gesunde Leckereien zwei Rezepte.

## Waffeln

### Zutaten:

| | |
|---|---|
| 200 g | Butter |
| 200 g | Honig |
| 4 | Eier |
| 300 g | Weizen- oder Dinkelmehl |
| 200 g | Buchweizenmehl |
| 1 ½ TL | Backpulver |
| 1 Prise | Vanillepulver |
| 1 Prise | Salz |
| | Mineralwasser m. Kohlensäure |

Eier, Butter und Honig schaumig rühren, Vanillepulver, Salz und Backpulver mit dem Mehl vermischen und unterrühren. Mit Mineralwasser eine dickflüssige Konsistenz herstellen. Im Waffeleisen ausbacken.

Dazu nach Geschmack Vanilleeis, heiße Früchte, Schlagsahne oder Honig und Zimt servieren.

## Apfelstuten

### Zutaten:

| | |
|---|---|
| 3 | Eier |
| 100 g | Butter |
| 1 Prise | Salz |
| 1 Prise | Vanillepulver |
| 100 g | Honig |
| 350 g | Dinkel-, Weizen- Kamut- oder Einkornmehl |
| 1 TL | Backpulver |
| 3 | mittelgroße Äpfel (am besten Boskoop) |
| | etwas Mineralwasser mit Kohlensäure |

Feuchte Zutaten schaumig schlagen, Mehl mit Backpulver löffelweise unterrühren. Mit Mineralwasser einen dickflüssigen Teig herstellen. Gewaschene, entkernte und gewürfelte Äpfel unterrühren. Masse mit einem Löffel portionsweise auf ein gefettetes Backblech geben.

Bei 180 °C ca. 15-18 Min. ausbacken.

# Abendessen

Ich werde oft gefragt, ob ich für mich alleine etwas kochen würde; ja selbstverständlich! Wenn nicht für mich, für wen denn sonst?

Ich bin es mir wert, das zu kochen, worauf ich gerade Appetit habe.

Ein Salat vorweg ist ein Muss, auch wenn er noch so einfach ausfällt, ein Stück Kohlrabi, Möhrchen, Paprika oder Gurke, roh geknabbert und anschließend ein gekochtes Gericht für die Seele.

# Warme Gerichte

Beim Hauptgang gibt es nichts, was ich nicht schon mal ausprobiert hätte. Natürlich sind einige Speisen üppiger ausgefallen und ich habe zwei- bis dreimal davon essen können; oder ich hatte Besuch und bin sie umso schneller losgeworden.

Meine Lieblingsspeise sind Maultaschen in allen Varianten und mit unterschiedlichsten Füllungen:

- gekochten und gestampften Kartoffeln mit Zwiebeln,
- gedünstetem Weißkohl,
- gemischtem Gemüse (Möhren, Kohlrabi, Porree usw.),
- 40 %-fetthaltigem Quark,
- Sauerkirschen …

Das Gericht kann man auch mal mit Hackfleisch (also Pillimeni) oder mit Lammfleisch (Manti) zubereiten. Heutzutage mach ich dies allerdings nur noch in den seltensten Fällen, seit ich festgestellt habe, dass ich nach Fleischverzehr schlecht schlafen kann.

Das Grundrezept ist entweder ein einfacher Vollkornweizen- oder Dinkelmehlteig oder ein Grundteig mit Hefe und Salz, etwas Butter dazu und schon steht der Fantasie nichts mehr im Wege.

## Maultaschen

### Zutaten für den einfachen Teig:

500 g Weizen und oder Dinkelmehl

300-350 ml Wasser

1 TL Salz

1 TL Sonnenblumenöl

Das Mehl in einer Schüssel mit Wasser, Salz und Öl zu einem glatten, jedoch nicht allzu festen Teig verrühren und verkneten. Je nachdem, wie fein das Mehl ist, benötigt man mehr oder weniger Wasser, also nicht gleich die ganzen 350 ml hineingeben, sondern nach Bedarf. Das Öl macht den Teig geschmeidig, so können wir ihn besser zu kleinen Fladen formen.

## Zutaten für den Hefeteig:

| | |
|---|---|
| 500 g | Dinkel- oder Weizenmehl |
| 250-300 ml | Wasser |
| 50 g | Schmand |
| 80-100 g | Butter |
| 1 TL | Salz |
| 1 Würfel | Hefe (frische) |

Mehl in der Schüssel mit einer Kuhle versehen und die Hefe hineinkrümeln, etwas warmes Wasser zugießen und die Hefe mit einer kleinen Menge Mehl verrühren. Zugedeckt 15-20 Min. gehen lassen. Danach die übrigen Zutaten beifügen und kräftig miteinander vermengen. Die Butter und der Schmand sollten möglichst angewärmt sein, dann verbinden sie sich schneller mit dem Mehl. Einen besonders lockeren Teig erhält man, wie schon bei den Brötchen beschrieben, indem man ihn gut und ausgiebig knetet (mind. 10 Min.) – oder durch das Schlagen auf die Tischplatte.

Den fertigen Teig in 16 gleich große Portionen teilen, flach drücken oder ausrollen, auf eine Hälfte jedes Fladens halbmondförmig die Füllung verteilen. Die andere Teighälfte darüber klappen und zusammenkneifen (z.B. mit einer Gabel).

Auf ein gefettetes Backblech legen, 15 Min. gehen lassen. Mit Schmand bestreichen oder mit Wasser besprühen und für 20 Min. bei 180 °C in den vorgeheizten Ofen schieben. Die Maultaschen z.B. mit Pilzrahmsoße oder Tomatensoße servieren.

# Rezepte für die Füllung

## Füllung mit Weißkohl

### Zutaten:

| | |
|---|---|
| 1 kl. | Weißkohl |
| 1-2 gr. | Zwiebeln |
| 3-4 EL | Öl (Sonnenblumen) |
| | Pfeffer, Kräutersalz |

Öl erhitzen, Zwiebeln in Streifen geschnitten dazugeben und glasig dünsten, Weißkohl in schmale Streifen geschnitten hinzufügen und ca. 10 Min. schmoren.

Abkühlen lassen und in die Teigtaschen füllen.

## Füllung mit Kartoffeln

### Zutaten:

| | |
|---|---|
| 1 kg | Kartoffeln |
| 1 große | Zwiebel, gewürfelt |
| | Butter oder Öl |
| | Muskat, Pfeffer, Salz |

Kartoffeln mit Schale kochen, abpellen und stampfen. Zwiebel in Fett braun braten, zu den Kartoffeln geben und mit Muskat, Salz und Pfeffer abschmecken.

## Quarkfüllung

### Zutaten:

| | |
|---|---|
| 500 g | Quark (40 % Fett) |
| 1 Prise | Salz |
| und/oder | |
| 1 TL | Honig |
| 1 | Ei |

Den Quark lasse ich 1-2 Std. auf einem Küchentuch im Sieb austropfen, danach gebe ich Salz/Honig und Ei hinzu, auch mal 1-2 EL gemahlenen Kamut, falls der Quark noch zu feucht ist. Dann fülle ich damit die Maultaschen.

Mir schmecken sie natürlich süß am besten, aber viele mögen es auch salzig-würzig, dann tauscht man den Honig mit einer größeren Menge an (Kräuter-)Salz und schon darf jeder nach seinem Geschmack kochen und genießen.

## Füllung mit Sauerkirschen

### Zutaten:

| | |
|---|---|
| 500-600 g | entsteinte Sauerkirschen |

Die frischen sind natürlich die besten, aber auch die eingefrorenen Kirschen eignen sich gut dafür. Diese sollten jedoch einige Stunden zum Auftauen in einem Sieb stehen, denn wenn zu viel Saft entsteht, gehen die Maultaschen schnell am Rand auf.

Diese Maultaschen esse ich dann gerne mit dem einfachen Teig, gekocht in Salzwasser (4-5 Min.), darüber etwas Butter und Honig.

Den Rest genieße ich am nächsten Tag aufgebraten in Butter, mit etwas Honig darüber. Mmmmhhhhh!

# Aufläufe

An Abenden ohne Maultaschen backe ich mir auch mal gerne einen Auflauf, z.B. mit Gemüseresten vom Vortag. Dazu eignet sich fast alles. Noch ein paar Kartoffeln oder Nudeln dazu, mit Sahne aufgießen und etwas Käse darüber gestreut – ein wahrer Genuss.

## Kartoffel-Lauch-Auflauf

### Zutaten:

| | |
|---|---|
| 500 g | Kartoffeln (gekocht, geschält in Scheiben) |
| 2 St. | Porree |
| ½ l | Sahne |
| | Kräutersalz, Muskat, Pfeffer aus der Mühle |

Auflaufform mit Butter ausfetten und mit Kartoffelscheiben belegen. Den in Streifen geschnittenen Porree darübergeben, mit Kartoffelscheiben abdecken. Mit den Kräutern würzen, mit Sahne übergießen und eine halbe Stunde bei 180 °C im Backofen garen. Wer möchte, kann natürlich auch geriebenen Gouda-Käse darüberstreuen oder einen Becher Schmand auf den Kartoffeln verstreichen. Ohne tierisches Eiweiß geht es aber auch.

# Vollkornnudel-Auflauf

## Zutaten:

| | |
|---|---|
| 250 g | Vollkornnudeln (in Salzwasser bissfest gekocht) |
| 1 gr. | Zwiebel, gewürfelt |
| 200 g | Tomaten, in mittelgroße Stücke geschnitten |
| 1 Becher | Schmand |
| 1 EL | Tomatenmark |
| 200 g | Tomatensaft |
| 150-200 g | Käse, gewürfelt oder gerieben |
| 3-4 TL | Oregano |
| | Kräutersalz, Pfeffer, Cayenne oder Chili-Pulver |

Alle Zutaten mischen und die gekochten Nudeln untermengen, alles in eine gefettete Auflaufform geben und bei 225 °C ca. 30 Min. garen.

Dieser Auflauf lässt sich gut vorbereiten und kann kurz vor dem Essen schnell in den Ofen geschoben werden.

# Süßer Auflauf

## Zutaten:

| | |
|---|---|
| 250 g | Vollkornnudeln, Hirse oder Vollkornreis |
| 1 l | Wasser |
| 1 Prise | Salz |
| ½ l | Sahne |
| 2-3 EL | Akazienhonig |
| | Obst nach Geschmack (z.B. Aprikosen, Pfirsiche, Sauerkirschen, Pflaumen o.Ä.) |
| | Butter |

Die Nudeln im Salzwasser bissfest kochen, dann abgießen. Hirse bzw. Reis wird in einer Mischung aus 1/4 Sahne und 3/4 Wasser gekocht. Eine Prise Salz dazugeben, sonst schmeckt es sehr nüchtern.

Eine feuerfeste Form ausfetten und Nudeln, Reis oder Hirse mit dem Obst hinein schichten (2-3 Lagen). Mit Sahne aufgießen und Butterflöckchen daraufsetzen.

Die Hirse und den Reis kann man gerne mit Akazienhonig nach Geschmack süßen.

Im Ofen bei 200 °C ca. eine halbe Stunde backen.

## Chili ohne Carne

### Zutaten:

| | |
|---|---|
| 5-6 EL | Öl (Oliven- oder Sonnenblumenöl) |
| 1 große | Zwiebel |
| 1-3 | Knoblauchzehen |
| je 1 kl. | Paprika (rot, gelb und grün) |
| 100 g | Kidneybohnen (getrocknet) |
| 100 g | Grünkern |
| ¼ l | Tomatensaft |
| 3-4 EL | Tomatenmark |
| | Kräutersalz, Chili- und Paprikapulver nach Geschmack |

Kidneybohnen und Grünkern über Nacht einweichen lassen, mindestens 10 Std. mit jeweils der 5-fachen Wassermenge.

Öl erhitzen, Zwiebeln und Knoblauch kleingehackt andünsten, Paprikastückchen dazugeben und anbraten, dann Tomatensaft aufgießen, Tomatenmark dazugeben und köcheln lassen.

Die eingeweichten Bohnen und den Grünkern mit dem Einweichwasser dazugeben, noch einmal gut durchkochen lassen und mit den Gewürzen kräftig abschmecken.

# Hirsebällchen mit Tomatensauce

## Zutaten:

| | |
|---|---|
| 250 g | Hirse |
| 750 ml | Wasser |
| je 1 kl. | Paprika (rot, gelb und grün) |
| 1 | Möhre |
| 2 TL | Kräuter der Provence |
| 1 TL | Kräutersalz |
| 3-5 TL | Öl |

Die Hirse mit kaltem Wasser zum Kochen bringen, nach Packungsangabe 15-20 Min. kochen und danach ½ Std. quellen lassen, immer wieder umrühren.

Paprika und Möhre sehr klein gewürfelt in der Pfanne in Öl andünsten.

Die etwas abgekühlte Hirse mit den Kräutern mischen, das Gemüse unterziehen und Klöße formen. Diese in eine feuerfeste Form geben, leicht mit Öl übergießen und bei 100 °C warm stellen bis zum Servieren.

# Soßen

## Tomatensoße

### Zutaten:

| | |
|---|---|
| 1 | große Zwiebel (fein gewürfelt) |
| 1-2 | Knoblauchzehen (fein gehackt oder gepresst) |
| 1 | kleine Paprika (rot, gelb oder grün) |
| 1 EL | Tomatenmark |
| 150 ml | Tomatensaft |
| 2-3 | Tomaten |
| | Öl, Kräutersalz, Pfeffer, Honig |

Zwiebeln und Knoblauch in Öl anbraten, mit Tomatensaft und Tomatenmark ablöschen und aufkochen, Tomaten und Paprika in Stückchen geschnitten hinzufügen. Würzen und abschmecken.

## Pilzrahmsoße

### Zutaten:

| | |
|---|---|
| 3-5 | Zwiebeln, gewürfelt |
| 2-3 | Knoblauchzehen, gepresst oder gehackt |
| 300 g | Champignons, in Scheiben geschnitten |
| 5 EL | Sonnenblumenöl (oder Butter) |
| 250 ml | Sahne |
| | Kräutersalz, Pfeffer, Schnittlauch, Petersilie |

Zwiebel, Knoblauch und Pilze in der Pfanne anbraten, die Sahne dazugeben und 5-10 Min. köcheln lassen, Danach die fein gehackten Kräuter unterziehen und servieren.

# Suppen

Die Suppenmöglichkeiten sind natürlich auch nicht zu verachten. Meine Lieblingssuppe ist die „vegetarische Cheeseburgersuppe“ (Grünkern-Lauch-Suppe) geworden. Kennengelernt habe ich sie im Praxisseminar bei Christiane Wolfram, wie viele andere Gerichte auch. An dieser Stelle noch einmal ein herzliches Dankeschön für die Geduld und die vielen wertvollen Tipps.

Einiges habe ich beim Nachkochen leicht verändert, weil es mir entweder praktischer erscheint oder einfach besser gefällt, so auch bei dieser Suppe, die ich übrigens schon mehrfach im Biomarkt gekocht habe und von der bis jetzt alle begeistert sind.

## Grünkern-Lauch-Suppe

– ein Rezept nach Christiane Wolfram –

### Zutaten:

| | |
|---|---|
| 50 g | Butter |
| 200 g | Grünkern (5-8 Std. in Wasser einweichen) |
| 3-4 St. | Lauch, in dünne Ringe geschnitten |
| 1 | Knoblauchzehe, gehackt |
| 1 l | Wasser |
| ¼ l | Sahne |
| | Pfeffer, Vollmeersalz |

Lauch und Knoblauch in Butter andünsten. Mit eingeweichtem Grünkern und Wasser auffüllen und ca. 15 Min. garen. Sahne zugeben und mit Pfeffer und Salz abschmecken.

## Reissuppe

Wie dieses Rezept entstanden ist:

Eines Tages fehlte uns im Biomarkt eine Suppe für den nächsten Tag. Also zählte ich meiner Chefin alle Suppen auf, die mir in den Sinn kamen. Aber nichts fand ihre Zustimmung. Dann sprach ich von Reissuppe. Das war etwas Neues, was es bisher nicht auf dem Speiseplan gegeben hatte, also sollte ich Reissuppe kochen. Zuhause suchte ich meine Unterlagen durch, fand aber kein Rezept für eine Reissuppe. Also kreierte ich an diesem Abend auf die Schnelle folgendes Rezept, das seitdem immer wieder mit Erfolg im Biomarkt angeboten wird.

# Reissuppe

## Zutaten:

| | |
|---|---|
| 2 große | Zwiebeln |
| 1 | Möhre |
| je 1 | kleine grüne, gelbe und rote Paprika |
| je 1 | kleine Sellerie, Petersilienwurzel und/oder Pastinake |
| 5 EL | Öl, am besten Sonnenblumenöl |
| 1 l | Gemüsebrühe |
| 1 TL | Kräutersalz, etwas Petersilie |
| 1 Tasse | Vollkornreis |

Das Gemüse waschen und in kleine Stücke schneiden, die Zwiebeln im heißen Fett andünsten, danach das restliche Gemüse zugeben. Den Reis in der Gemüsebrühe nach Anleitung kochen und zum Gemüse geben, alles noch 10-15 Min. köcheln lassen. Bei Bedarf Wasser zugießen. Mit Pfeffer und Salz würzen, mit Petersilie bestreuen.

## Kürbis(creme)suppe

### Zutaten:

| | |
|---|---|
| 1 kleiner | Hokkaidokürbis |
| 1-2 große | Zwiebeln |
| 1-2 | Knoblauchzehen |
| 50 g | Butter (oder 2 EL Olivenöl) |
| 1 kleine | Ingwerstück, gerieben |
| 2 TL | Curry und Kurkuma |
| 1-2 mittelgr. | Kartoffeln |
| 1-2 | Möhren |
| ¾ l | Wasser |
| 100 ml | Sahne (oder Schmand) |
| | Petersilie, Salz, Pfeffer nach Geschmack |

Fett erhitzen, Zwiebeln und Knoblauch kleinschneiden, dazugeben und glasig dünsten, mit Curry, Ingwer und Pfeffer würzen. Den in kleine Stücke geschnittenen Kürbis mit den ebenfalls kleingeschnittenen (oder geriebenen) Kartoffeln und Möhren in den Topf geben, kurz andünsten und mit Wasser aufgießen. Alles ca. 30 Min. köcheln lassen und mit dem Stab pürieren.

Mit Salz, Pfeffer und Sahne/Schmand abschmecken. Ein kleiner Teelöffel Schmand und frisch gehackte Petersilie auf jeder Portion machen die Suppe auch optisch zum Hochgenuss.

Jetzt hoffe ich, dass den Suppenkaspern unter Ihnen schon das Wasser im Mund zusammenläuft, oder noch nicht?

Na, dann gibt es noch Sonnenblumen- oder Kürbiskerne dazu, angebraten in einer trockenen Pfanne und abgelöscht mit Sojasoße, anschließend auf einem Teller erkalten lassen.

Wer lieber Brotwürfel in der Suppe mag, der schneidet altes Brot oder Brötchen in Würfel, röstet diese in der Pfanne vorsichtig ohne Fett an und gibt dann etwas Olivenöl und Kräutersalz darüber.

Die Kerne und die Brotwürfel zur Suppe stellen oder schon über die gefüllten Teller streuen.

Zum Aufbewahren in trockene, geschlossene Behälter füllen und in den Schrank stellen.

Sowohl die Sonnenblumen- bzw. Kürbiskerne als auch die Brotwürfel eignen sich ebenfalls hervorragend zum Streuen über die gemischten Salate.

Ein Freund von mir hat übrigens die angerösteten Sonnenblumenkerne aufs frische Brot mit Kräuterbutter gestreut und sich danach alle zehn Finger genüsslich abgeleckt.

# Kleinigkeiten

Übrigens liebe ich es, abends nach einem herzhaften Salat auch mal nur noch eine Kleinigkeit zu naschen. Das Gekochte ist ja nur für die Seele.

Diese Kleinigkeiten sind bei mir dann

- Hirsebrei,
- Milchreis,
- Grießpudding aus Kamut (frisch gemahlen) oder
- Milchsuppe (¼ Sahne + ¾ Wasser) m. Vollkornnudeln.

Die Grundrezepte sind sehr einfach:

Vom Reis oder von der Hirse nehme ich eine Tasse und die dreifache Menge Wasser dazu, 1 Prise Salz und Honig nach Geschmack, Hirse oder Reis in die kalte Flüssigkeit geben, zum Kochen bringen und auf kleiner Flamme 20 Min. köcheln lassen. Je nach Hirse- oder Reisart auf dem ausgeschalteten Herd im geschlossen Topf bis zu 30 Min. ausquellen lassen, schon ist es ein Genuss pur – wie bei Oma zu Hause.

Dazu passt ein Kompott aus Saisonfrüchten wie Rhabarber, Erdbeeren, Pflaumen usw.

## Pflaumenkompott

In einer Pfanne etwas Butter erhitzen, entsteinte, halbierte Pflaumen kurz in der Butter schwenken, bis sie anfangen zu zerfallen. Mit Honig und Zimt abschmecken und zum Reis- oder Hirsebrei servieren. Das Kompott lässt sich auch mit anderen Obstsorten gut zuzubereiten.

# Exkurs: Deckung des Eiweißbedarfs

Da die vitalstoffreiche Vollwertkost ohne Fleisch und ohne Fisch auskommt, bleiben die Rezepte für die Fleischspeisen weg.

Der Eiweißbedarf wird rein aus dem Pflanzenreich gedeckt. Dazu einige Seiten aus einem Referat, das ich während meiner Ausbildung zur Gesundheitsberaterin gehalten habe:

## Die Deckung des Eiweißbedarfs in der vegetarischen Ernährung

### Eiweiß – ein Bestandteil unserer Nahrung und seine Aufgaben

Eiweiß wird auch Protein genannt. Der Begriff kommt aus dem Griechischen: „Proton“ ist „das Erste, das Ursprüngliche“.

Es zählt neben den Fetten und den Kohlehydraten zu den Grundnährstoffen unserer Nahrung. Im lebenden Organismus sind die Proteine für den Transport sämtlicher Stoffe im Blut zuständig. Daher bezeichnet man es auch als „Träger des Lebens“.

Die Eiweiße sind hochkomplizierte organische Stoffe, deren Moleküle aus verschiedenartigen Aminosäuren aufgebaut sind. Jedes Eiweiß ist durch eine ganz spezifische Reihenfolge, seine Aminosäurensequenz, gekennzeichnet. Die acht essenziellen Aminosäuren werden ausschließlich über die Nahrung zugeführt, 12-14 nicht essenzielle Aminosäuren bildet der Körper selbst.

Das mit der Nahrung aufgenommene Eiweiß wird bei der Verdauung in die einzelnen Aminosäuren aufgespalten. Daraus baut der Organismus das körpereigene Eiweiß und verstoffwechselt es zu Harnstoff. Diese Verdauung beginnt bereits im Magen mithilfe von Pepsin und wird dann im Dünndarm durch Pankreaspeptidasen weiter fortgeführt. Über den Pfortaderkreislauf gelangen die Stoffe ins Blut.

Jedes Lebewesen verfügt über individuelle, arteigene Protein- Strukturen. Die Zahl der Eiweißarten ist unerschöpflich. Jene Eiweißarten, die alle acht essenziellen Aminosäuren enthalten, werden als biologisch vollwertig bezeichnet. Natürlich enthalten nicht alle Pflanzenteile alle acht essenziellen Aminosäuren im gleichen Verhältnis, aber durch die Kombination von Getreide, Blatt- und Gemüsesalaten und Nüssen ist eine ausgewogene Ernährung garantiert.

## Unterschiede, Vor- und Nachteile des pflanzlichen und tierischen Eiweißes

Die Überlegenheit des pflanzlichen gegenüber dem tierischen Eiweiß ist durch zahlreiche Forscher in Tierversuchen nachgewiesen worden. Dies ist in der Schulmedizin aus wirtschaftlichem Interesse jedoch weder bekannt noch anerkannt. Man betrachte nur die biologische Wertigkeit eines Produkts, z.B. das in den Pflanzen vorkommende native Eiweiß. Die Struktur der Proteine bleibt im natürlichen Vorkommen für den menschlichen Organismus erhalten und ist somit schnell und leicht verfügbar. Die pflanzliche Kost ist mit minimalen Ausnahmen ohne Erhitzen essbar – oder ist Ihnen schon mal ein Feldhase mit einem Kochtopf begegnet?

Beim tierischen Eiweiß handelt es sich größtenteils um denaturiertes Eiweiß, d.h. es wurde entweder auf über 42 °C erhitzt oder mit Säure behandelt. Der Mensch bekommt dann ein strukturverändertes und noch dazu artfremdes Eiweiß zum Verdauen. Dass dies zu Komplikationen und auf Dauer zu Stoffwechselstörungen mit degenerativen Veränderungen führt, hat z.B. Prof. Kollath in seinem Buch „Die Ordnung unserer Nahrung" ausführlich beschrieben: Es gibt eindrucksvolle Versuche mit Ratten, die durch Weißmehlfütterung innerhalb von acht Generationen schwere degenerative Veränderungen aufzeigen. Viele andere Versuche mit Katzen, Kaninchen und Ratten sind im Buch „Geheimarchiv der Ernährungslehre" von Ralph Bircher nachzulesen.

Für den Menschen sind diese Komplikationen und Veränderungen jedoch nicht auf den ersten Blick sichtbar, denn ein Rattenjahr ist mit 20-30 Menschenjahren vergleichbar. Diese 20-Jahre-Regelung ist von den Wissenschaftlern Cleave und Campbell aufgestellt worden, um den schleichend sich aufbauenden Schaden am Menschen zu zeigen. So entstehen durch falsche Ernährung (nicht nur falsches oder zu viel Eiweiß, auch durch den Verzehr von Auszugsmehlen und Fabrikzucker) unzählige Zivilisationserkrankungen.

Das artfremde Eiweiß fördert besonders die rheumatischen Erkrankungen, die vielen sogenannten Allergien, verschiedene Hauterkrankungen (Psoriasis, Neurodermitis) und das lymphatische Kind. Durch das Weglassen dieser artfremden Eiweiße und durch eine vitalstoffreiche Vollwertkost sind diese Erkrankungen in den Griff zu bekommen.

## Unterschiede

| Pflanzliches EW | Tierisches EW |
|---|---|
| - hohe biologische Wertigkeit | - niedrige biologische Wertigkeit |
| - geringer Aufwand bis zum Genuss | - hoher Aufwand bis zum Genuss |
| - keine ethischen Bedenken | - ethisch bedenklich (Töten von Tieren) |
| - in der Natur große Vielfalt und Kombinations-möglichkeiten | - oft nur das Muskelfleisch eines Tieres |
| Wo auf einem Stück Land ein Jäger von der Jagd leben kann, da können (ohne Jagd) auch 10 Bauern satt werden und ohne Bauern 100 Gärtner ihr tägliches Brot finden.<br>(alter Spruch) | Die Sojaernte von 1 ha Land könnte z.B. in Brasilien den Eiweißbedarf von 5000 Menschen decken. Wenn dieselbe Menge Soja als Tierfutter verschwindet und als Fleisch auf den Tisch kommt, werden nur 191 Menschen satt. |

## Wie viel Eiweiß braucht der Mensch?

In der zivilisierten Welt herrscht ohne Frage eine Eiweißmast. Prof. Lothar Wend spricht von der Eiweißspeicherkrankheit.

Die durchschnittliche Eiweißdecke der Erdbevölkerung setzt sich zu ¾ aus pflanzlichen Eiweißen zusammen. In Nordamerika wird mit 29 % am wenigsten pflanzliches Eiweiß verzehrt, in Europa 52 % und am meisten in China mit 96,4 %.

Wenn wir die Muttermilch mit ihrem Eiweißgehalt von 2-2,5 % zugrunde legen, mit der ein Säugling im ersten Lebensjahr sein Gewicht verdoppelt bis verdreifacht, dann sollte der Erhaltungsstoffwechsel eines erwachsenen Menschen auch mit weniger auskommen.

## Ernährungsbeispiel für einen Tag

**Frühstück**: Frischkorngericht mit 50-60 g keimfähigem Getreide, Nüssen nach Geschmack

**Mittagessen**: Frischkost in Form von Blatt- und Gemüsesalaten (zwei unter der Erde wachsende Sorten, z.B. Karotten und rote Beete, zwei über der Erde wachsende, z.B. Blattsalat und Rucola); danach nach Belieben für die Seele ein gekochtes Gericht, Gemüseeintopf oder Auflauf

**Abendessen**: Frischkost, wie mittags als Salat, nur das Gemüse wechseln, um möglichst viele Aminosäuren zu bekommen, und nach Bedarf selbstgebackenes Vollkornbrot mit eigenen Aufstrichen.

Natürlich lässt sich – wie in diesem Ratgeber beschrieben – die warme Mahlzeit auch am Abend zubereiten und verspeisen.

Weitere Rezepte für diese Vorschläge finden Sie in unzähligen Büchern des emu-Verlages zum Nachlesen und Nachkochen.

Den Schluss des Referats bildete ein Zitat Dr. Brukers:

„Die große Zahl der Kranken, die durch den Übergang auf eine vollwertige vegetarische Kost Heilung oder Besserung ihrer Krankheitserscheinungen erzielten, die sie mit der üblichen Zivilisationskost nicht erreichten, ist ein beredtes Zeugnis dafür, dass Fleischverzehr nicht nötig ist. Es darf wohl angenommen werden, dass eine Nahrung, die Heilung zu bringen vermag, auch in gesunden Tagen von Vorteil und für die Verhütung von Krankheiten geeignet sein wird.“

Die für das Referat verwendete Literatur findet sich im Literaturverzeichnis am Ende des Buches.

# Nachtisch

Den Schlemmertag rundet auch bei mir der Nachtisch ab (den Sie ebenso gut nach einer warmen Mittagsmahlzeit verspeisen können).

Sie fragen jetzt natürlich mit Recht: Wie? Auch noch naschen? Ist das gesund?

Ja, in Maßen ist alles gesund, was mit natürlichen Mitteln (Lebensmitteln) hergestellt wird.

Selbstgemachtes Eis darf bei mir keinesfalls fehlen. An erster Stelle steht dabei das Vanilleeis.

## Vanilleeis

### Zutaten:

| | |
|---|---|
| 500 ml | Sahne |
| 150 g | Mandelmus, am liebsten das weiße! |
| 75-100 g | Honig |
| ½ TL | Vanille |

Mandelmus mit Honig und Vanille gut verrühren, die sehr steif geschlagene Sahne unterziehen und in den Gefrierschrank geben. Vor dem Verzehr etwas antauen lassen.

Tipp:
Für eine Torte in der Springform das Rezept verdoppeln.

## Nougateis

### Zutaten:

| | |
|---|---|
| 500 ml | Sahne |
| 150 g | Nussmus (Mischmus) |
| 75-100 g | Honig |
| 2 EL | Kakao |

Nussmus mit Honig und Kakao gut verrühren, die sehr steif geschlagene Sahne unterziehen und in den Gefrierschrank geben. Vor dem Verzehr etwas antauen lassen.

## Dänische Apfelspeise mit Crunchy

– ein Rezept von Christiane Wolfram –

### Zutaten Apfelkompott:

| | |
|---|---|
| 6 | Äpfel (z.B. Boskoop) |
| 1 EL | Butter |
| 1 EL | Zitronensaft |
| 2-3 EL | Honig |
| 400 ml | geschlagene Sahne |

Äpfel waschen, entkernen, kleinschneiden und mit Zitronensaft beträufeln. Butter in einem Topf zerlassen und Honig dazugeben. Die Äpfel hinzufügen, aufkochen und ca. 5 Min. köcheln lassen. Einmal gut durchrühren und mit Zimt und evtl. noch etwas Honig abschmecken.

## Zutaten Crunchy:

| | |
|---|---|
| 100 g | Honig |
| 75 ml | heißes Wasser |
| 1/4 TL | Zimt |
| 150 g | Haferflocken |
| 75 g | Roggen-, Hirse- oder Weizenflocken |
| 50 g | Nüsse oder Mandeln, ganz oder grob gehackt |
| 2 EL | Sesam und/ oder Leinsamen |
| 2 EL | Sonnenblumen- und/ oder Kürbiskerne |
| 4-5 EL | Buchweizen, in trockener Pfanne geröstet |
| 40 g | Rosinen |

Den Honig mit dem heißen Wasser und Zimt verrühren. Dann bis auf die Rosinen alle Zutaten gut untermengen. Ein Backblech mit Backpapier auslegen und die Masse darauf verteilen.

Bei 140 °C ca. 1 Stunde trocknen lassen. Zwischendurch 3-4 Mal umrühren. Es ist fertig, wenn es hellbraun und knusprig ist. Wenn das Crunchy aus dem Ofen kommt, die Rosinen untermengen.

Erkaltet in ein Schraubverschlussglas geben. So hält es sich einige Wochen (wenn es nicht vorher gegessen wird).

## Anrichten:

Apfelkompott mit Sahne und Crunchy in eine Schüssel schichten. Die letzte Schicht sollte Crunchy sein.

*Anmerkung des Lektors:*

Das Crunchy ist übrigens unglaublich vielseitig. Es eignet sich als Belag für Blechkuchen, für den süßen Auflauf – und natürlich als leckere Knabberei.

Man kann auch hervorragende Kekse daraus zubereiten, indem man Apfelkompott und ungebackene Crunchymasse mischt, daraus kleine Plätzchen formt und diese ähnlich wie im Originalrezept backt – nur natürlich ohne Umrühren …

# Mein Fazit

Wer so wie ich über den Tag nur zwei bis drei Mahlzeiten vitalstoffreiche Vollwertkost zu sich nimmt, wird bald selbst spüren, wie gut es einem tut und wie wenig man ans Naschen denkt, denn plötzlich sind die Heißhungerattacken wie von selbst verschwunden.

Der Körper erhält nun viele Vitalstoffe wie wasser- und fettlösliche Vitamine, Mineralstoffe, Spurenelemente, Enzyme (Fermente), ungesättigte Fettsäuren, Aroma- und Faserstoffe in ausgewogener Menge.

Das Vermeiden von tierischem Eiweiß und die gleichzeitige ausreichende Gabe an wichtigen, pflanzlichen Vitalstoffen lässt uns leistungsfähiger, vitaler und aufnahmefähiger werden.

Das Übergewicht schwindet von alleine dahin. Meine überflüssigen Pfunde am Bauch (seit über 15 Jahren ein starkes Hindernis) waren innerhalb der ersten sechs Wochen fast verschwunden. Die Überraschung bei mir war groß, als ich zum Einführungsseminar nach Lahnstein fahren wollte und meine Hosen alle an mir schlotterten. Ich musste mir noch neue kaufen, aber zwei Größen kleiner als bisher.

In Lahnstein selbst bei einer Woche ausschließlich vitalstoffreicher Vollwertkost nahm ich dann noch 1 kg ab und somit war mein Wunschgewicht erreicht. Ein tolles Gefühl, sich mit 50 Jahren endlich im eigenen Körper richtig wohlzufühlen.

Aber was rede ich noch viel, probieren Sie es selbst, fangen Sie an, lassen Sie der Fantasie freien Lauf! Essen Sie so natürlich wie möglich, meiden Sie alle Produkte, für die Werbung gemacht wird – und schon werden Sie den Erfolg bei sich spüren.

Frei nach dem Motto:
Isst du schon vital oder bist du noch von der Werbung geschädigt?

Wer weitere Informationen, Rezepte und Anregungen benötigt oder Back- und Kochkurse belegen möchte, der wende sich an mich:

Lillia Fader
ärztlich gepr. Kneipp- und Gesundheitsberaterin GGB e.V.
Uhlenhorst 6
24787 Fockbek

Tel.: 04331 / 43 789 11

Oder tagsüber im

Biomarkt Eckernförde
Speicherpassage

Tel.: 04351 / 2282
Fax: 476938

Wer Interesse an Gesundheitsseminaren und weiteren Kursen im Bruker-Haus hat, der wende sich bitte an das

Dr.-Max-Otto-Bruker-Haus in Lahnstein

Telefon: 02621/917010 (-12)
Telefax: 02621/917033
Internet: www.ggb-lahnstein.de
E-Mail: Seminare@ggb.lahnstein.de

Außerdem stehen über 5000 ausgebildete Gesundheitsberater in Deutschland mit ihrem Wissen für eine persönliche Beratung zur Verfügung. Unzählige Bücher mit Koch- und Backrezepten sowie Fachliteratur über einzelne Erkrankungen sind im emu-Verlag zu finden.

Hier noch ein besonderer Hinweis auf die neu erschienenen Bücher

- „Vollwert-Genuss von früh bis spät" und
- „Süßer Vollwert-Genuss"

von meiner Kochkollegin Anne Bieback und meiner Kochdozentin Christiane Wolfram.

Die „Kollath-Tabelle" gibt es vom emu-Verlag in laminierter Form als Tischset zu kaufen. Sie ist farbig bebildert und besonders anschaulich gestaltet. Auf der Rückseite befinden sich zusätzlich wertvolle Tipps für den Alltag. Aus urheberrechtlichen Gründen habe ich auf eine Abbildung der Tabelle verzichtet.

Außerdem gibt es seit 1½ Jahren das Spiel *„Lillikost"* (von Gisela Wroblewski), das Kindern das Wissen über Rohkost in der täglichen Ernährung spielend vermittelt. Zu bestellen unter: www.gesundheitsberatung-gw.de

Viel Freude am Zubereiten und den höchsten Genuss wünscht Ihnen die infizierte Vollwertköstlerin

Lillia (Lilli) Fader

# Literaturliste


Bircher, Ralph: „Geheimarchiv der Ernährungslehre", Kopp-Verlag, Rottenburg 2010

Bruker, Max Otto: „Die Deckung des Eiweißbedarfs", Kleinschrift 0222, emu-Verlag, Lahnstein o.J.

Bruker, Max Otto: „Gesund durch richtige Ernährung", Kleinschrift 0210, emu-Verlag, Lahnstein o.J.

Bruker, Max Otto: „Unsere Nahrung – unser Schicksal", emu-Verlag, Lahnstein 1999

Bruker, Max Otto; Gutjahr, Ilse: „Biologischer Ratgeber für Mutter und Kind. Ernährung, Stillen, Impfungen, Kinderkrankheiten", emu-Verlag, Lahnstein 1999

Gutjahr, Ilse: „Das große Dr. M. O. Bruker Ernährungsbuch", emu-Verlag, Lahnstein 2000

Gutjahr, Ilse: „Die vitalstoffreiche Vollwertkost nach Dr. M. O. Bruker", Goldmann-Verlag, München 1992

Gutjahr, Ilse; Richter, Erika: „Streicheleinheiten. Von der Kunst, schmackhafte Brotaufstriche zu zaubern", emu-Verlag, Lahnstein 2008

Kollath, Werner: „Die Ordnung unserer Nahrung", Haug-Verlag, Stuttgart 2005

Thews, Gerhard; Mutschler, Ernst; Vaupel, Peter: „Anatomie, Physiologie, Pathophysiologie des Menschen", Wiss. Verlagsgesellschaft, Stuttgart 2007

# Alphabetisches Rezeptverzeichnis